AF326295

ORDONNANCE DU ROI,

Concernant le Régiment des Gardes-françoises de Sa Majesté.

Du 29 Janvier 1764.

A PARIS,

DE L'IMPRIMERIE ROYALE.

M. DCCLXIV.

ORDONNANCE
DU ROI,

Concernant le Régiment des Gardes-françoises de Sa Majesté.

Du 29 Janvier 1764.

DE PAR LE ROI.

SA MAJESTÉ voulant donner au régiment de ses Gardes-françoises, des marques de la satisfaction qu'Elle ressent des services distingués qu'il a rendus dans tous les temps & dans toutes les circonstances, & lui régler en même temps un traitement qui réponde à l'honneur qu'il a d'être affecté d'une manière particulière à la garde de sa personne, a résolu de lui fixer une constitution solide & invariable, & d'accorder, tant aux Officiers qu'aux Soldats une augmentation de traitement; & en conséquence, Elle a ordonné & ordonne ce qui suit :

ARTICLE PREMIER.

LE régiment des Gardes-françoises de Sa Majesté, *Le régiment*

A 2

composé de trente-trois compagnies.

continuera d'être composé de trois compagnies de Grenadiers, & de trente compagnies de Fusiliers, lesquelles trente-trois compagnies formeront six bataillons.

I I.

Dénomination des compagnies.

La compagnie du Colonel, sera toujours désignée sous la dénomination de compagnie Colonelle, & chacune des trente-deux autres compagnies continuera de porter le nom du Capitaine qui la commandera.

I I I

Rang des compagnies entr'elles & pour monter la garde près la personne du Roi.

La compagnie Colonelle marchera toujours la première, & les trente-deux autres marcheront entr'elles suivant le rang d'ancienneté des Capitaines qui les commanderont ; Voulant aussi Sa Majesté que lesdites compagnies continuent de monter la garde près de sa personne suivant le même rang d'ancienneté, ainsi qu'il s'est pratiqué jusqu'à présent.

I V.

Prix des charges du régiment.

Le prix desdites compagnies & celui des autres charges dudit régiment, continueront d'être fixés aux sommes réglées précédemment par Sa Majesté.

V.

Composition des bataillons.

Chacun des six bataillons dudit régiment, sera composé d'une demi-compagnie de Grenadiers, & de cinq compagnies de Fusiliers.

L'intention de Sa Majesté étant que les compagnies continuent de se mêler dans les différens bataillons, suivant l'usage qui a été pratiqué jusqu'à présent.

V I.

Création de Sergens-d'armes & de Sergens-fourriers.

Veut Sa Majesté qu'il soit établi dans chacune desdites trente-trois compagnies, un Sergent-d'armes & un Sergent-fourrier, dont les fonctions seront réglées ci-après.

V I I.

Suppression des Anspessades, & création d'Appointés.

Veut aussi Sa Majesté que le grade d'Anspessade soit supprimé dans toutes les compagnies dudit régiment, & qu'il y soit créé pour en tenir lieu des places d'Appointés, dont les fonctions seront aussi réglées ci-après.

V I I I.

Il sera de plus établi à la suite de chaque compagnie de Grenadiers, un Aide-fourrier, un Magasinier, un Aide-magasinier & un Chirurgien, lesquels seront nombre dans la compagnie; & à la suite de chaque compagnie de Fusiliers, un Porte-drapeau, un Magasinier, un Aide-fourrier, un Canonnier, un Aide-magasinier, un Chirurgien & deux Apprentifs-canonniers.

I X.

Chaque compagnie de Grenadiers sera, soit en temps de paix, soit en temps de guerre, commandée par un Capitaine, deux Lieutenans, deux Sous-lieutenans & deux Enseignes à pique; & composée de quatre Sergens, d'un Sergent-d'armes, d'un Sergent-fourrier, de huit Caporaux, d'un Caporal-aide-fourrier, d'un Caporal-magasinier, de huit Appointés, d'un Appointé-aide-magasinier, d'un Appointé-chirurgien, de quatre-vingts Grenadiers & de quatre Tambours, faisant en tout cent dix hommes.

Les huit Caporaux, les huit Appointés & les quatre-vingt-quatre Grenadiers ou Tambours, seront distribués en huit escouades, dont quatre seront de treize hommes, y compris un Caporal & un Appointé, & les quatre autres de douze hommes, aussi chacune, y compris un Caporal & un Appointé; il y aura de plus un Tambour dans chacune des quatre premières escouades.

La première & la cinquième de ces escouades formeront la première demi-section, à laquelle sera attaché le premier Sergent; la seconde & la sixième escouade formeront la seconde demi-section, à laquelle sera attaché le second Sergent; la troisième & la septième escouade formeront la troisième demi-section, à laquelle sera attaché le troisième Sergent, & les quatrième & huitième escouades formeront la quatrième demi-section, à laquelle sera attaché le quatrième Sergent.

La première demi-section sera particulièrement subordonnée au premier Sous-lieutenant, & la troisième le sera au premier Enseigne; ces deux demi-sections formeront la première section, qui sera subordonnée au premier Lieutenant.

La seconde demi-section sera particulièrement subordonnée au second Sous-lieutenant, & la quatrième le sera au second Enseigne; ces deux demi-sections formeront la seconde section, qui sera subordonnée au second Lieutenant; les Lieutenans, Sous-lieutenans & Enseignes rendront tous les jours compte de leur section ou demi-section au Capitaine, qui en rendra lui-même compte au Colonel.

X.

Remplacement des Grenadiers.

L'INTENTION de Sa Majesté est que les Grenadiers qui viendront à manquer, continuent d'être remplacés sur le champ par les compagnies de Fusiliers, chacune à leur tour.

X I.

Composition des compagnies de Fusiliers en temps de paix.

CHACUNE des compagnies des Fusiliers sera, en tout temps, commandée par un Capitaine, un Lieutenant, deux Sous-lieutenans, un Enseigne à pique & un Enseigne à drapeau; & composée, en temps de paix, de quatre Sergens, d'un Sergent-d'armes, d'un Sergent-fourrier, de huit Caporaux, d'un Caporal-porte-drapeau, d'un Caporal-magasinier, d'un Caporal-aide-fourrier, d'un Caporal-canonnier, de huit Appointés, d'un Appointé-aide-magasinier, d'un Appointé-chirurgien, de deux Appointés-apprentifs-canonniers, de soixante-seize Fusiliers & de quatre Tambours, faisant au total cent dix hommes.

Division desdites compagnies par escouades, demi-sections & sections.

Les huit Caporaux, les huit Appointés & les soixante-seize Fusiliers formeront huit escouades de douze hommes chacune, y compris un Caporal & un Appointé; il y aura de plus un Tambour dans chacune des quatre premières escouades.

Les première & cinquième escouades formeront la première section, le premier Sergent sera attaché à cette section qui sera commandée par le Lieutenant.

Les seconde & sixième escouades formeront la seconde

section; le second Sergent sera attaché à cette section qui sera commandée par le premier Sous-lieutenant.

Les troisième & septième escouades formeront la troisième section, le troisième Sergent sera attaché à cette section qui sera commandée par le second Sous-lieutenant.

Les quatrième & huitième escouades formeront la quatrième & dernière section, le quatrième Sergent sera attaché à cette section qui sera commandée par l'Enseigne à pique ; les Lieutenans , Sous-lieutenans & Enseignes rendront tous les jours compte de leur section au Capitaine, qui le rendra lui-même au Colonel.

X I I.

VEUT Sa Majesté que les compagnies de Fusiliers du régiment de ses Gardes-françoises, conservent, soit en temps de paix, soit en temps de guerre , le nombre d'Officiers & de bas Officiers fixés par l'article XI de la présente Ordonnance ; & Elle se réserve de déclarer, lorsque les circonstances l'exigeront, le nombre d'hommes dont Elle jugera à propos d'augmenter chaque escouade desdites compagnies.

Composition des compagnies en temps de paix.

X I I I.

IL sera établi à la suite du régiment des Gardes-françoises de Sa Majesté, deux Sous-tambours-majors, qui auront rang de Caporaux, & veilleront à la discipline des Tambours, subordonnément au Tambour-major.

Création de deux Sous-tambours-majors.

X I V.

IL sera aussi attaché à la suite de l'État-major du régiment , seize Musiciens que Sa Majesté a jugé à propos d'y établir ; lesdits Musiciens seront toujours affectés à la garde qui servira près de Sa Majesté.

Établissement de seize Musiciens , à la suite de l'État-major.

X V.

AU moyen de quoi l'État-major sera composé d'un Colonel, un Lieutenant-colonel , un Major, de sept Aides-major, de sept Sous-aides-major, deux Sergens d'ordre, un Tambour-major, deux Sous-tambours-majors, deux Commissaires, dont un ayant la police, un

Composition de l'État-major.

Maréchal-des-logis ; un Aumônier ; deux Chirurgiens-majors, un Prevôt, un Lieutenant de Prevôt, un Greffier, un Juge-auditeur des Bandes, un Médecin, un Aide-médecin, un Apothicaire, douze Archers, un Exécuteur & seize Muficiens.

X V I.

Le Major chargé des menues réparations.

LE Major fera feul chargé d'ordonner, fous l'autorité du Colonel & du Lieutenant-colonel, les menues réparations dont il confiera le foin, dans chaque bataillon, aux Aides-major & aux Sous-aides-major, qui feront tenus de lui en rendre compte.

X V I I.

Fonctions des Aides-major.

LE premier Aide-major, & fucceffivement les autres Aides-major, en fon abfence, remplaceront le Major dans toutes fes fonctions ; ils feront chargés particulière-ment du détail de tout l'entretien & de toute la police du régiment, fubordonnément au Major, au Lieutenant-colonel & au Colonel, auxquels ils rendront tous les jours compte de leur détail.

X V I I I.

Sous-aides-major.

LES Sous-aides-major feront fubordonnés aux Aides-major, & feront fpécialement chargés de veiller à l'entretien des compagnies, & à ce que les menues réparations foient faites à mefure au moyen de la Maffe commune qui fera établie à cet effet.

X I X.

Sergens-d'ordre.

LES Sergens-d'ordre commanderont fpécialement les Sergens-d'armes, les Sergens-fourriers, les Maga-finiers, tous les Fourriers & Aides-fourriers fous les ordres des Aides-major & des Sous-aides-major, ils feront chargés du logement, conjointement avec le Maréchal-des-logis, du campement, des diftributions, des réparations & autres fonctions relatives à leurs charges.

X X.

Sergens-d'armes.

LES Sergens-d'armes auront le détail du magafin & des réparations de leur compagnie ; ils commanderont particulièrement le Porte-drapeau, le Magasinier, l'Aide-magasinier & le Chirurgien ; ils seront chargés, en l'absence des Sergens-fourriers, de rendre compte tous les jours par écrit à l'État-major de tout le détail de la compagnie ; on leur remettra les billets d'appel des sections, demi-sections & escouades de chaque compagnie ; ils seront tenus de signer ces billets d'appel & de les envoyer aux Officiers-majors préposés à cet effet.

Les Sergens-d'armes de chaque compagnie, auront rang de premier Sergent, & les cinq autres leur seront subordonnés.

X X I.

LES Sergens-fourriers seront chargés, chacun dans leur compagnie, du détail de toutes les subsistances & distributions, du logement, du campement, & de la propreté du quartier & du camp ; ils commanderont particulièrement l'Aide-fourrier, le Canonnier & les deux Apprentifs-canonniers ; & seront chargés, en l'absence des Sergens-d'armes, de remplir toutes leurs fonctions, conformément à l'article XX de la présente Ordonnance.

X X I I.

LE Tambour-major aura rang de Sergent, il veillera sur la conduite, la discipline & les exercices des Tambours ; il commandera les Sous-tambours-majors, conformément à l'article XIII, & continuera de remplir les mêmes fonctions qu'il a remplies jusqu'à présent.

X X I I I.

SA MAJESTÉ voulant expliquer ses intentions sur la manière dont il sera procédé à l'avenir au choix des Sergens ; Elle a réglé que le premier Caporal de chaque compagnie, ainsi que tous les Soldats sages, intelligens & reconnus pour bons sujets seront classés.

X X I V.

POUR être admis à être classé, il sera nécessaire que lesdits Caporaux & Soldats sachent lire & écrire, & qu'ils soient en état de montrer l'exercice.

A 5

X X V.

Une fois claſſés, ils ne pourront s'abſenter de Paris, que ſur la permiſſion du Colonel.

DÈS qu'ils feront claſſés, ils feront tenus de faire continuellement le ſervice à Paris, où on ſera plus à portée de les ſuivre & d'examiner leur conduite, l'intention de Sa Majeſté étant qu'ils ne puiſſent s'abſenter que du conſentement du Colonel ou ſur des congés ſignés de lui, ſur peine d'être rayés du regiſtre des claſſés.

X X V I.

Le Colonel ſeul, pourra les faire rayer ſur les perquiſitions des Sergens des douze, & le rapport du Major.

VEUT Sa Majeſté que ſi quelqu'un des Caporaux ou des Soldats claſſés vient à ſe déranger, les Sergens des douze, établis pour la police & la diſcipline du Corps, faſſent les perquiſitions les plus exactes pour découvrir les faits, & qu'après les avoir conſtatés ils en rendent compte au Major, qui prendra les ordres du Colonel, lequel ſeul aura l'autorité de les faire rayer du regiſtre des claſſés.

X X V I I.

Choix des Sergens.

LORSQU'IL vaquera une place de Sergent dans une compagnie, le Major chargera les Sergens des douze d'examiner les trois meilleurs ſujets claſſés du régiment, ils les préſenteront au Major, ſur le rapport duquel le Colonel nommera celui des trois ſujets propoſés qui lui paroîtra mériter la préférence.

X X V I I I.

Sergens de Grenadiers, tirés du Corps des Sergens de Fuſiliers.

LES Sergens des compagnies de Grenadiers, feront toujours tirés du Corps des Sergens de Fuſiliers, mais on n'en pourra tirer ni les Sergens - d'armes, ni les Sergens - fourriers.

X X I X.

Sergens-d'armes & Sergens-fourriers.

LORSQU'IL vaquera dans une compagnie une place de Sergent-d'armes ou de Sergent-fourrier, le Major chargera les Sergens des douze, d'examiner les trois meilleurs ſujets du régiment, ils les préſenteront au Major, ſur le rapport duquel le Colonel nommera celui des trois ſujets propoſés qui lui paroîtra mériter la préférence.

X X X.

A l'égard des places de Caporaux, ils feront tirés de leur compagnie & fans avoir égard à l'ancienneté; on les choifira parmi tous les fujets qui auront été propofés par les Capitaines pour être claffés; ils feront enfuite examinés par un confeil, compofé de fix Sergens des douze, y compris les deux Sergens-d'ordre, & de fix Caporaux.

Choix des Caporaux.

X X X I.

LORSQU'IL vaquera une place de Porte-drapeau, de Magafinier, d'Aide-magafinier, de Chirurgien, de Canonnier ou d'Apprentif-canonnier; les Capitaines les choifiront dans leur compagnie, & propoferont les fujets au Major qui ne les infcrira qu'après qu'ils auront été agréés par le Colonel.

Porte-drapeau, Magafinier, Aide-magafinier, Chirurgien, Canonnier, Apprentif-canonnier.

X X X I I.

LES Sergens commanderont leur fection, la maintiendront dans une bonne difcipline & police, & rendront compte tous les jours aux Officiers defdites fections ou demi-fections, de tous les détails qui les concerneront.

Les Sergens-d'armes & les Sergens-fourriers rendront compte tous les jours à l'État-major de ce qui fe paffera dans la compagnie.

Fonctions des Sergens.

X X X I I I.

LES Caporaux attachés aux efcouades, veilleront fur la difcipline, police & exercice de leur efcouade; ils en répondront au Sergent de leur fection ou demi-fection, & fuppléeront aux Sergens qui pourront manquer.

Fonctions des Caporaux.

X X X I V.

LE Porte-drapeau, le Magafinier, l'Aide-magafinier & le Chirurgien feront fubordonnés, particulièrement au Sergent-d'armes, & l'Aide-fourrier & les Canonniers le feront au Sergent-fourrier.

Porte-drapeau, Magafinier, Aide-magafinier, Chirurgien, Aide-fourrier, & Canonniers fubordonnés aux Sergens-d'armes & Fourriers.

X X X V.

A l'égard des dix places d'Appointés des compagnies de Grenadiers, huit appartiendront de droit aux huit plus anciens Grenadiers de chaque compagnie, & les deux autres à l'Aide-fourrier & au Chirurgien.

Appointés des Grenadiers.

X X X V I.

DES douze places d'Appointés des compagnies de Fusiliers, huit appartiendront de droit aux plus anciens Fusiliers de chaque compagnie, & les quatre autres à l'Aide-magasinier, au Chirurgien & aux deux Apprentifs-canonniers.

Les Appointés commanderont l'escouade, dont ils feront partie, au défaut des Caporaux qui en feront toûjours les chefs.

X X X V I I.

LE terme des engagemens fera fixé à l'avenir à huit années au lieu de fix ; les Soldats qui monteront aux haute-payes, ne feront point tenus, comme par le paffé, de fervir trois ans au-delà du terme de leur engagement, & le congé abfolu fera régulièrement donné chaque année aux Soldats dont le congé fera expiré.

X X X V I I I.

SA MAJESTÉ donnera fes ordres au Colonel pour faire délivrer dès-à-préfent le congé abfolu aux quatre plus anciens Soldats de chaque compagnie, qui s'étant engagés pour fix ans, ont continué de fervir au-delà de ce terme, le temps de leur fervice ayant été prolongé à caufe de la guerre ; & il en fera délivré un pareil nombre régulièrement chaque année à ceux qui feront dans ce cas.

X X X I X.

LES Soldats qui auront volontairement renouvelé un fecond engagement de huit ans, & qui en conféquence, après avoir fervi feize ans, voudront fe retirer chez eux & non ailleurs, y toucheront la moitié de leur folde; & Sa Majefté leur fera délivrer, tous les huit ans, un habit de l'uniforme du régiment de fes Gardes-françoifes.

X L.

CEUX qui ayant renouvelé volontairement un troifième engagement de huit ans, auront fervi vingt-quatre ans, auront le choix ou d'être reçus à l'Hôtel royal des Invalides, ou de fe retirer chez eux & non ailleurs, avec leur folde entière; & Sa Majefté leur fera délivrer tous les fix ans un habit de l'uniforme du régiment de fes Gardes-françoifes.

X L I.

Sa Majesté voulant par une augmentation d'ap- *Appointemens & folde en tout temps.* pointemens & de folde, procurer au régiment de fes Gardes-françoifes les moyens de fubfifter avec plus d'ai- fance; Elle veut & entend que les appointemens & folde foient payés à l'avenir aux Officiers & Soldats dudit régiment, fur le pied, par jour :

S A V O I R ,

	APPOINTEMENS ET SOLDE EN TOUT TEMPS.						
COMPAGNIES DE GRENADIERS.	Par jour.			Par mois.			Par an.
A chaque Capitaine, trente-trois livres fix fous huit deniers par jour, ci	33ˡ	6ˢ	8ᵈ	1000ˡ	∥ˢ	∥ᵈ	12000.
A chaque Lieutenant, onze livres deux fous deux deniers deux tiers, ci	11.	2.	2⅔	333.	6.	8	4000.
A chaque Sous-lieutenant, cinq livres onze fous un denier un tiers, ci	5.	11.	1⅓	166.	13.	4	2000.
A chaque Enfeigne, trois livres fix fous huit deniers, ci	3.	6.	8	100.	∥	∥	1200.
A chaque Sergent-d'armes, deux livres fept fous deux deniers deux tiers, ci	2.	7.	2⅔	70.	16.	8	850.
A chaque Sergent-fourrier, deux livres un fou huit deniers, ci	2.	1.	8	62.	10.	∥	750.
A chaque Sergent, une livre treize fous quatre deniers, ci	1.	13.	4	50.	∥	∥	600.
A chaque Caporal, Aide-fourrier & Magafinier, douze fous, ci	∥	12.	∥	18.	∥	∥	216.
A chaque Appointé, Aide-magafinier & Chirurgien, onze fous, ci	∥	11.	∥	16.	10.	∥	198.
A chaque Tambour, douze fous, ci	∥	12.	∥	18.	∥	∥	216.
A chaque Grenadier, dix fous, ci	∥	10.	∥	15.	∥	∥	180.
COMPAGNIES DE FUSILIERS.							
A chaque Capitaine, trente livres onze fous un denier un tiers, ci, ...	30.	11.	1⅓	916.	13.	4	11000.

	APPOINTEMENS ET SOLDE EN TOUT TEMPS.						
	Par jour.			Par mois.			Par an.
A chaque Lieutenant, huit livres six sous huit deniers, ci....................	8ˡ	6ˢ	8ᵈ	250ˡ	″ˢ	″ᵈ	3000ˡ
A chaque premier Sous-lieutenant, quatre livres trois sous quatre deniers, ci.........	4.	3.	4	125.	″	″	1500.
A chaque second Sous-lieutenant, trois livres six sous huit deniers, ci..................	3.	6.	8	100.	″	″	1200.
A chaque Enseigne à pique, deux livres quatre sous cinq deniers un tiers, ci.........	2.	4.	$5\frac{1}{3}$	66.	13.	4	800.
A chaque Enseigne à drapeau, une livre seize sous huit deniers, ci...................	1.	16.	8	55.	″	″	660.
A chaque Sergent-d'armes, deux livres quatre sous cinq deniers un tiers, ci...........	2.	4.	$5\frac{1}{3}$	66.	13.	4	800.
A chaque Sergent-fourrier, une livre dix-huit sous dix deniers deux tiers, ci...........	1.	18.	$10\frac{2}{3}$	58.	6.	8	700.
A chaque Sergent, une livre dix sous, ci..	1.	10.	″	45.	″	″	540.
A chaque Caporal, Porte-drapeau, Magasinier, Aide-fourrier & Canonnier, onze sous.	″	11.	″	16.	10.	″	198.
A chaque Appointé, Aide-magasinier, Chirurgien & Apprentif-canonnier, dix sous, ci.	″	10.	″	15.	″	″	180.
A chaque Tambour, onze sous, ci......	″	11.	″	16.	10.	″	198.
A chaque Fusilier, neuf sous, ci........	″	9.	″	13.	10.	″	162.

É T A T - M A J O R.

Au Colonel, cent quatre-vingt-quatorze liv. huit sous dix deniers deux tiers, ci.......	194.	8.	$10\frac{2}{3}$	5833.	6.	8	70000.
Au Lieutenant-colonel, indépendamment de ses appointemens de Capitaine, trente-deux liv. douze sous neuf deniers un tiers, ci........	32.	12.	$9\frac{1}{3}$	979.	13.	4	11750.
Au Major, cinquante livres, ci.........	50.	″	″	1500.	″	″	18000.
Au premier Aide-major, treize livres dix-sept sous neuf deniers un tiers, ci...........	13.	17.	$9\frac{1}{3}$	416.	13.	4	5000.
A chacun des six autres Aides-major, douze livres dix sous, ci.....................	12.	10.	″	375.	″	″	4500.
A chacun des sept Sous-aides-major, six livres dix-huit sous dix deniers deux tiers, ci.	6.	18.	$10\frac{2}{3}$	208.	6.	8	2500.
A chacun des quatre Capitaines-appointés, quatre livres trois sous quatre deniers, ci....	4.	3.	4	125.	″	″	1500.
A chacun des deux Sergens-d'ordre, trois livres six sous huit deniers, ci.............	3.	6.	8	100.	″	″	1200.

	APPOINTEMENS ET SOLDE EN TOUT TEMPS.						
	Par jour.			Par mois.			Par an.
Au Tambour-major, deux livres quatre sous cinq deniers un tiers, ci..............	2^l	4^s	$5^{d}\frac{1}{3}$	66^l	13^s	4^d	800^l
A chacun des deux Sous-Tambours-majors, une livre, ci.....................	1.	∥	∥	30.	∥	∥	360.
A l'Aumônier, deux livres quinze sous six deniers deux tiers, ci...............	2.	15.	$6\frac{2}{3}$	83.	6.	8	1000.
A chacun des deux Chirurgiens-majors, deux livres quinze sous six deniers deux tiers, ci..	2.	15.	$6\frac{2}{3}$	83.	6.	8	1000.
Au Commissaire des guerres, ayant la police, vingt-huit livres onze sous six deniers, ci....	28.	11.	6	857.	5.	∥	10287.
Au second Commissaire, dix-sept livres douze sous neuf deniers un tiers, ci..........	17.	12.	$9\frac{1}{3}$	529.	3.	4	6350.
Au Maréchal-des-logis, huit livres six sous huit deniers, ci....................	8.	6.	8	250.	∥	∥	3000.
Au Prevôt, dix livres deux sous deux den..	10.	2.	2	303.	5.	∥	3639.
Au Lieutenant du Prevôt, deux liv. quatre sous cinq deniers un tiers, ci...........	2.	4.	$5\frac{1}{3}$	66.	13.	4	800.
Au Greffier, une livre cinq sous, ci.....	1.	5.	∥	37.	10.	∥	450.
Au Juge-Auditeur des Bandes, une liv. treize sous quatre deniers, ci...........	1.	13.	4	50.	∥	∥	600.
A chacun des douze Archers, onze sous un denier un tiers, ci.................	∥	11.	$1\frac{1}{3}$	16.	13.	4	200.
A l'Exécuteur, huit sous quatre deniers, ci.	∥	8.	4	12.	10.	∥	150.
Au Médecin, deux livres quatre sous cinq deniers un tiers, ci.................	2.	4.	$5\frac{1}{3}$	66.	13.	4	800.
A l'Aide-médecin, une livre sept sous neuf deniers un tiers, ci.................	1.	7.	$9\frac{1}{3}$	41.	13.	4	500.
A l'Apothicaire, une livre treize sous quatre deniers, ci...................	1.	13.	4	50.	∥	∥	600.
A chacun des seize Musiciens, pour tout traitement, quatre livres trois sous quatre den....	4.	3.	4	125.	∥	∥	1500.

X L I I.

Au moyen de la solde réglée aux Tambours, par l'article XLI, ils seront tenus d'entretenir leur caisse de peaux & de cordages, & de se fournir de baguettes.

Haute-paye donnée aux Tambours pour l'entretien de leur caisse.

X L I I I.

Veut & entend Sa Majesté que les appointemens & solde réglés aux Officiers & Soldats du régiment de

Le régiment continuera d'être

ſes Gardes-françoiſes, par l'article XLI, continuent de leur être payés, comme par le paſſé, par les Tréſoriers généraux de l'ordinaire des guerres, chacun pendant l'année de leur exercice, & ſur les revues du Commiſſaire ayant la police dudit régiment.

<h2 style="text-align:center">XLIV.</h2>

VEUT auſſi Sa Majeſté que ſur la ſolde réglée à chaque Caporal, Appointé, Grenadier, Fuſilier & Tambour, il ſoit retenu un ſou par jour, en tout temps, pour l'entretien du linge & de la chauſſure, dont le décompte leur ſera régulièrement fait tous les quatre mois.

<h2 style="text-align:center">XLV.</h2>

LES Capitaines du régiment des Gardes-françoiſes, feront à l'avenir déchargés du ſoin de faire des recrues, l'État-major en ſera chargé pour toutes les compagnies, au moyen de cent vingt livres par homme; & pour que le remplacement ſoit promptement exécuté, le Colonel préſentera tous les mois à Sa Majeſté un état du nombre d'hommes qui manquera dans chaque compagnie; & il ſera ordonné un fonds de cent vingt livres pour chacun deſdits hommes, lequel ſera remis ſur le champ à la Caiſſe du Tréſorier de l'ordinaire des guerres en exercice, qui ſera tenu de remettre tous les ans, au Colonel, un état général des fonds qui auront été employés audit remplacement, afin qu'il en ſoit rendu compte à Sa Majeſté par le Colonel.

Et pour faciliter audit régiment les moyens d'effectuer les recrues qui lui ſeront néceſſaires, Sa Majeſté autoriſe le Colonel, en tant que beſoin ſeroit, à donner les pouvoirs qu'il jugera à propos pour faire les recrues du régiment de ſes Gardes-françoiſes dans toute l'étendue du royaume.

<h2 style="text-align:center">XLVI.</h2>

LES hommes de recrues ne feront agréés qu'autant qu'ils auront moins de vingt-cinq ans, ce dont ils juſtifieront par leur extrait baptiſtaire en bonne forme, & cinq pieds quatre pouces de taille, conformément au règlement du 8 décembre 1691 ; ils feront de plus tenus de produire un certificat de bonnes mœurs & de domicile ; figné du Major & du Commiffaire ayant la police du régiment, qui feront chargés d'en faire toutes les informations & perquifitions néceffaires, & ils ne pourront être payés que fur le certificat de leur réception par le Colonel.

X L V I I.

LE Major fera prêter ferment, entre fes mains, aux Soldats de recrues, à la tête du régiment en bataille, fur les drapeaux qui feront réunis à cet effet ; lefdits Soldats jureront d'obéir aux ordres de leurs Officiers & bas Officiers, de ne jamais déferter, de ne quitter jamais leur drapeau fous quelque prétexte que ce foit, & étant particulièrement deftinés à l'honneur de garder Sa Majefté, ils promettront de la fervir avec zèle & fidélité, & de veiller à fa confervation au péril de leur vie.

Les hommes de recrues prêteront ferment entre les mains du Major.

X L V I I I.

DÉFEND Sa Majefté à tous Capitaines & Officiers du régiment de fes Gardes-françoifes, de donner à l'avenir aucun congé abfolu ; le Colonel feul fera chargé de les accorder après avoir pris les ordres de Sa Majefté.

Le Colonel feul chargé de donner les congés abfolus.

X L I X.

SA MAJESTÉ fera fournir à l'avenir aux compagnies du régiment de fes Gardes-françoifes, l'armement & les tentes dont elles pourront avoir befoin ; Elle fera auffi rembourfer l'ancien armement & les tentes neuves qui font actuellement en magafin, & Elle donnera fes ordres pour faire entretenir l'ancien armement, afin que le régiment ait en tout temps deux armemens, deux équipemens & deux habillemens.

Armement.

L.

SA MAJESTÉ fera fournir une Maffe pour l'habille- ment, fur le pied de trois fous par jour pour chaque Sergent, Caporal, Appointé, Tambour, Grenadier & Fufilier ; laquelle Maffe fera toujours payée fur le pied

Maffe pour l'habillement.

complet, & remife tous les mois avec la folde dans la Caiffe du Tréforier général de l'ordinaire des guerres qui fera en exercice; l'intention de Sa Majefté étant que les trois fous deftinés à chaque Sergent foient ajoutés aux vingt-cinq mille livres, payées par les Fermiers généraux, pour l'habillement defdits Sergens; mais Sa Majefté réferve l'adminiftration directe de la Maffe de l'habillement au Colonel dudit régiment, lequel au moyen de ladite Maffe fera tenu de faire habiller & équiper ledit régiment, & d'en rendre compte à Sa Majefté.

L I.

Réparations journalières.

A l'égard des réparations journalières qu'il conviendra de faire à l'habillement, équipement & armement des compagnies dudit régiment des Gardes-françoifes; Sa Majefté fera former une Maffe de fix livres pour chaque homme par an, en tout temps, laquelle Maffe fera payée fur le pied complet tous les mois avec la folde : Entendant Sa Majefté qu'il foit dreffé tous les fix mois un état, figné par le Major, de recette & de dépenfe de ladite Maffe, pour être remis au Colonel, lequel en rendra compte à Sa Majefté.

L I I.

Demi-folde des abfens par congés, & folde de ceux qui ne rejoindront pas à l'expiration de leurs congés, réunis à la Maffe des menues réparations.

L es Soldats abfens par congé, ne toucheront que la moitié de leur folde pendant tout le temps de leur abfence, & le décompte leur en fera fait à leur retour au régiment; à l'égard de ceux qui ne rejoindront pas exactement à l'expiration de leur congé, ils feront privés de la folde entière pendant tout le temps de leur abfence : Voulant Sa Majefté que la folde entière defdits hommes, ainfi que la moitié de la folde des abfens par congé, foient réunies à la Maffe des menues réparations, établie par l'article L I ; bien entendu que ceux defdits Soldats, qui outre-pafferont fans caufe légitime, le terme de leur congé, encourront la peine portée contre les Déferteurs, & feront punis fuivant la rigueur des ordonnances.

L I I I.

Tous les fonds,

T o u s les fonds qui feront faits, tant pour les

appointemens, folde & différentes Maffes, feront remis au Tréforier général de l'ordinaire des guerres, pour être par lui délivrés au Major, qui en aura l'adminiftration, fous les ordres du Colonel.

L I V.

LE Major remettra tous les mois au Colonel, un état des fonds qui lui auront été délivrés, & un de ceux qu'il aura dépenfés, avec les caufes de recette & de dépenfe; ces états feront fignés par le Lieutenant-colonel, & en fon abfence par le premier Capitaine; le Major ne pourra d'ailleurs faire aucune dépenfe que fur l'ordre du Colonel.

L V.

VEUT Sa Majefté que dans tous les temps les Capitaines du régiment de fes Gardes-françoifes, jouiffent de leurs appointemens en entier, à la feule retenue des quatre deniers pour livre de leur compagnie, non compris les Officiers.

L V I.

LE pain & la viande feront toujours fournis en campagne, au régiment des Gardes-françoifes, fur le même pied qu'aux autres régimens de l'Infanterie françoife.

L V I I.

LES Officiers auront, pendant la campagne, la quantité de rations de pain attribuée à leur grade, & la retenue leur en fera faite fur le même pied qu'aux Soldats.

L V I I I.

LES Officiers auront en campagne, & lorfqu'ils marcheront par étape, la quantité de rations de fourrages réglée pour chaque grade; les deux Sergens-d'ordre, l'Aumônier, les deux Chirurgiens-majors, la Prevôté & tous les Sergens continueront de recevoir une ration de fourrage lorfqu'ils marcheront par étape.

L I X.

ENTEND Sa Majefté qu'à commencer du jour que l'étape ceffera d'être fournie aux Officiers qui marcheront en campagne jufqu'au jour qu'ils recevront l'étape pour revenir à Paris, le fourrage ne foit délivré aux Officiers qu'en une feule qualité, fans qu'ils puiffent le recevoir fous aucun prétexte, pour deux ou plufieurs qualités.

L X.

Suppreffions de penfions d'ancienneté & des gratifications attachées aux charges.

Au moyen du traitement réglé par la préfente Ordonnance, qui décharge les Capitaines de l'entretien de leur troupe, toutes les penfions d'ancienneté & gratifications attachées aux charges, les douze cents livres de gratification ou fupplément de folde par campagne qu'on étoit dans l'ufage d'accorder aux Capitaines, dont les compagnies marchoient à la guerre, & les cent vingt-trois mille cinquante livres de gratification annuelle, accordée audit régiment, feront fupprimées. Il ne fera payé audit régiment, en temps de paix, ni argent d'étape aux recrues, ni paye de gratifications; & en temps de guerre, ni étape aux recrues, ni argent de recrues, ni payes de gratifications, ni uftenfile.

Voulant cependant bien Sa Majefté, continuer de faire payer la fomme de quatre mille livres, pendant le temps de guerre feulement, au Commandant du régiment, lorfqu'il fera la campagne en qualité de Commandant de la brigade; & celle de quinze cents livres, accordée tant en temps de paix qu'en temps de guerre, à chacun des quatre Capitaines appointés dans la colonne des Capitaines.

L X I.

Les Capitaines chargés de veiller à leur troupe.

L'intention de Sa Majefté eft que quoique les Capitaines ne foient plus chargés ni des recrues, ni de l'entretien de leur compagnie, ils veillent cependant, avec la même attention, à tout ce qui pourra contribuer au bien-être des Soldats & à leur entretien, en rendant un compte exact de leur compagnie au Colonel.

L X I I.

Précautions pour parvenir à la nouvelle compofition.

Sa Majesté ayant reconnu que la conftitution folide qu'Elle veut donner au régiment de fes Gardes-françoifes, dépend du choix des hommes qui compoferont ledit régiment, Elle veut que pour parvenir à la nouvelle compofition prefcrite par la préfente ordonnance, le Colonel choififfe cent dix hommes pour former chaque compagnie de Grenadiers & de Fufiliers, parmi tout ce qu'il y aura de meilleur dans chaque compagnie pour la taille, l'âge, la bravoure & les mœurs, en obfervant de conferver par préférence ceux qui ne feront pas mariés.

Si cependant le choix preferit ci-deffus, éprouvoit des difficultés dans quelques compagnies, entend Sa Majefté que le Colonel prenne dans toutes les compagnies de Fufiliers indiftinctement, même parmi les furnuméraires, les hommes dont il aura befoin pour les incorporer dans telle compagnie qu'il jugera à propos.

L X I I I.

L E régiment des Gardes-françoifes, fera caferné dans trois ou fix corps de casernes, ainfi qu'il fera plus convenable pour la fûreté de la ville de Paris ; & à cet effet, le Colonel, après avoir pris les ordres de Sa Majefté, traitera avec ladite ville de Paris pour ce qui concerne les bâtimens, l'emplacement, les fournitures, tant pour les Officiers que pour les Soldats, la fourniture du bois pour les casernes, la fourniture du bois & de la chandelle pour les différens corps-de-garde ; & en abandonnant le produit des logemens affectés audit régiment, il fe réfervera la fomme de cinquante mille livres que la ville de Paris continuera de payer, pour être diftribuée par le Colonel dudit régiment, qui prendra chaque année les ordres de Sa Majefté pour en faire la répartition, ainfi & de la manière qu'il a fait jufqu'à préfent : Voulant au furplus Sa Majefté, qu'à commencer du 1.er Avril prochain, jour qu'Elle a fixé pour la nouvelle compofition preferite par la préfente ordonnance, les Capitaines foient déchargés du foin des logemens de leur compagnie, & que le Colonel demeure feul chargé de la manutention defdits logemens des trente-trois compagnies du régiment des Gards-françoifes ; à l'effet de quoi le Colonel prendra les ordres de Sa Majefté pour en faire la diftribution dans les quartiers de Paris qui leur feront affignés, en attendant que les nouvelles cafernes foient conftruites.

L X I V.

Défenfe de travailler dans Paris, fans la permiffion du Colonel.

DÉFEND Sa Majefté aux Capitaines du régiment de fes Gardes-françoifes, de permettre aux Soldats de leur compagnie, de travailler dans Paris ; réfervant Sa Majefté au Colonel d'accorder auxdits Soldats la permiffion de travailler aux ouvrages compatibles avec le bien du fervice.

L X V.

Permiffion de mariage, & congé de femeftre.

LES Capitaines ne pourront pareillement donner à leurs Soldats aucune permiffion de fe marier & de s'abfenter, par congé ou autrement ; fe réfervant Sa Majefté de déclarer au Colonel fes intentions fur le nombre, la forme & les époques des congés qui feront délivrés chaque année auxdits Soldats, ainfi que fur les permiffions de fe marier, lorfqu'Elle jugera à propos d'en accorder.

L X V I.

Le Colonel aura directement la police, &c. des cafernes, fous les ordres du Roi.

LE Colonel du régiment des Gardes-françoifes, prendra les ordres de Sa Majefté pour le règlement de difcipline, police & fervice à établir dans les cafernes, ainfi que pour les conftructions & l'établiffement d'un hôpital.

L X V I I.

Le Colonel continuera d'être chargé de l'habillement.

LE Colonel dudit régiment, continuera de prendre les ordres de Sa Majefté pour l'uniforme & l'habillement de ce régiment.

L X V I I I.

Quatre Capitaines nommés par lui, feront préfens à tous les marchés.

LE Colonel nommera quatre Capitaines pour être préfens à tous les marchés de l'habillement ; ces marchés devront être fignés du Major & defdits quatre Capitaines, pour qu'ils foient agréés & paffés en compte par le Colonel.

L X I X.

Journées d'hôpitaux au compte du Roi.

A commencer du 1.ᵉʳ Avril prochain, les journées d'hôpitaux feront toutes paffées au compte de Sa Majefté ; mais ceux qui feront aux hôpitaux ne recevront point leur folde pendant tout le temps qu'ils y feront, ainfi qu'il fe pratique dans l'Infanterie françoife.

L X X.

VEUT au furplus Sa Majefté que fon régiment des Gardes-françoifes, continue de jouir de tous les priviléges & différentes prérogatives qui lui ont été accordées depuis fa création, & qui ne font point contraires à la préfente ordonnance.

Le régiment continuera de jouir de tous fes anciens priviléges.

MANDE & ordonne Sa Majefté au Colonel dudit régiment de fes Gardes-françoifes, aux Commiffaires des guerres à fa conduite & police, & à tous autres fes Officiers qu'il appartiendra, de tenir la main à l'exécution de la préfente. FAIT à Verfailles le vingt-neuf janvier mil fept cent foixante-quatre. *Signé* LOUIS. *Et plus bas,* LE DUC DE CHOISEUL.